SCHADENFREUDE

HEDWIG SELLES
SCHADENFREUDE

ρ

Ontologische vos

Ik zag een vos vannacht
bij ons in de straat
hij bleef merkwaardig lang staan
midden op de weg

ik was verbaasd
dat het na al dat licht
en metafysica
weer zo snel winterstil
kon worden

en ik vroeg de vos om
een haar uit zijn staart
voor in een envelop
dan kunnen we elkaar
schrijven

zeven dagen op zeven
en weten we wanneer
er iemand onder ons
een afspraak
heeft geschonden

ook mijn zuster zag een vos
in het ochtendblad
de dag daarop
zonder haar
viel hij op in de sneeuw

(overal loert redding)

Bokito baywatch

Het is een stralende dag, een dag om
zonder argwaan aan te beginnen, om
wonderbaarlijk vrolijke kinderen op te tillen
en te vermaken met mamawolken

'want daar hangen borsten aan'
ik klop het af, (ook dat ik meestal lief ben
voor dingen die er niets aan kunnen doen
zoals mijn eerste vlug verkering

om later toch weer uit te vallen
tegen deze en die en tegen
bordkartonnen dozen)
daarna ben ik vrij te denken wat ik wil,

dat ik aanwijzingen kan vinden;
oplossingen voor orkanen en cyclonen
en dat als ik wegren
de anderen mij zullen volgen

Maraboe of Mutatis mutandis

Mijn tantes werden lang van lelijkheid
ook zonder spiegel
had ik nog niets besloten
de leigrijze winkelchef
deed aan ochtendgymnastiek,
alsof het maandagmorgen was
in een ongehaaste zwembadpas
het andere winkelpersoneel
tokkelend tussen de fournituren

onopvallend bij het tourniquet
een adjudant met ingezonken ogen
hij wisselde van been
och arme, hij had zijn leven lang
in het knorrende karkas van een winkeldochter moeten wroeten

ik was met hem begaan,
met zijn tremors en zijn lithium in een glas water
salut, groet ik
en leg kort uit wat er zou gaan gebeuren,
hij knikt en knielt – in zijn gezicht veranderde er niets –

ik bekruiste mij
innocence is a state of mind

Miss Otis' lunch

De kat is de zaal uit gehinkt, iets deed haar pijn, ze jammerde
de mannen sliepen nog

ze had bloed aan haar kop, denkt Miss Otis
en bloed aan haar poten

ze vroeg de jongen naar zijn chef, naar de andere bedienden
en naar de kat, waar is de kat gebleven

uit de kristalontvanger klonk
eerst een diepe opluchting (dwarse golven op een breed strand)

daarna een forse beschuldiging (dwarse golven op een smal strand)
het was alsof de oorlog te vroeg is afgegaan

en de dronkenschap ongepast,
so Miss Otis regrets
she is unable to lunch today

Koningskrab

Ik was gelukkig, dat moment, toen ik niets meer zag
en hem bewoonde met mijn roodgekookte armen
toen mijn hoofd gewichtloos wielde
over zijn rug en terug, was alle kleur uit hem weggegleden
mijn huid was dun

waarom dan toch die argwaan,

omdat ik droom met de helderheid van een koningskrab
wiens hersens malen naast zijn mond?
god sprak tegen een berg, hij had een boomblad in zijn snavel
ik liep met miljoenen over de bodem van de zee

Vuurkeeltje

Zes manen breed
ogen als planeten, ik ruik mezelf
en zee en sterren
en trossen andere jonge keeltjes
te veel om te tellen,

wie bleef
zwom sneller dan de rest

en wanneer ze me vragen
ben je een vis, dan schud ik nee
en ja, dat ik het wel geloof
dat ik een vis kan zijn
als ze dat zo uitleggen

zwaarddrager
vuurkeeltje, maanvisje (bis)

'Ik zou een bezem willen zijn
bijvoorbeeld op de binnenplaats.'

nee, dat zou ik niet ik ben een paard
dat van zijn ruiter ontdaan
met zijn hoeven luid muziek
uit de stenen zal slaan,

voort, voort, het bezempaard
lees volbloed arabier, hoort
het gejuich, de ogen van de djin
op de oorspong gericht
jij, ik, wij hebben nooit bestaan
kom, volg mij

Schadenfreude

Eerst heb ik kostbare woorden aan de grond gewijd,
daarna heb ik mijn moeder naar de zee gebracht
overeenkomstig haar wil, strand of land
daar liepen nog eens duizend kinderen,
ik kon niet bedenken waarheen ze gingen,
vermoedelijk wisten ze het zelf ook niet
een nieuwe plek vinden om te overnachten en dan
opnieuw een groentetuin beginnen,
de bonen oogsten, snijden, zouten
met daarop een schotel en het hoofd van mijn moeder
und später, viel später die Kaninchen
in den Gemüsegarten der Nachbarn jagen

Foto van een anti-ik,

'Geef ons een lichaam, een motief
met het schuim der duisternis
en de korreligheid van een omhelzing'

want wij weten niet
wat wij met onszelf moeten beginnen,
het vechten, het beuken,
het smeken, het bidden,
de nacht beklimmen
om het verborgene los te laten

op het dak van de dageraad

waar is iedereen?

Kersttoespraak

Mijn verloofde keek vol overgave
naar de kersttoespraak, verzoening
is een rekbaar begrip voor een verloofde,
dat zijn dingen die ik niet zag

want als de werkelijkheid
het af laat weten,
moet ik zo diep mogelijk zien
door te dringen tot de verbeelding

wat heet, ik omknelde zijn voeten en
met mijn handen omvat ik de pathos
en ik verzeg mijn matroos,
dat we altijd, altijd, het wildst gelachen
hebben na de grootste malheur

Er bestaat een uitdrukking van veelheid,
een natuurlijke berekening, maar zonder samenhang,
ook al waren de getallen er ruim genoeg voor

en we haalden de lemma's uit de handelingen
het geloof van buik en hart, kwam in het hoofd tot bedaren
ze verschoof van vreugde naar wet

onderweg stak ik alles bij me wat ik tegenkwam
de nullen en de plussen, om het te vereenvoudigen
elk getal is een letter

die we nog niet kennen
elk woord is een optelsom en elke verbinding een besluit
uit kansberekening

Tucht

Ik sta op
bij de eerste zonnestraal
en meng het droge brood door het gehakt

voordat ik die kennis bezat
had ik het al begrepen;
veel voor weinig en
nederigheid gaat voor eer,
maar hoeveel kan een vrouw
hebben van een man
met een muts en wellust in zijn ogen

'spreekt niet een wijze;
des gelovigen inkomst is een beroerte?'
en tucht is onaangenaam

mijn kalmte is een ritueel
één van geduld en volharding

ik melk de geit
zij liet mij leven

Deegbleek

De toekomst is een tijdvak zonder smaak,
de ideeën die onze eigen kleine levens kruidden, ontsnapten,
verdwenen langszij

rauwe rijst,
onvast over haar lijf uitgespreid
ik ruik aandachtig, krab
om het ongewisse te achterhalen

mond op mond, ik pel het van haar
lippen, 'kunjit en nootmuskaat',
zeg ik 'er is nog soep
waarover we kunnen praten'

Inzichten over de werkelijkheid

Of hoe G. te behoeden voor zwaarmoedigheid

De eerste dag was de scheppingsdag,
de tweede dag brak hij haar af,
god had het warm, er was te veel,
om nu al in te vullen
wie wuift hem koelte toe?

een holle vriend met brede takken;
breuklijn tussen republiek en koninkrijk?

of de begripvolle buur,
die niet doorvertelt, wat
G. liever voor zichzelf wil houden;

dat wij opgewekt en zorgzaam, de dagen
verschoven in het boek met de belletjes
en het fluwelen manteltje,

maar geen plek in onze herinnering zagen
voor een gedeelde bloedsomloop

Overdracht

We zijn een wendbare familie van zondagsdenkers;
sommige met een kind op schoot, ik ook,

hand vol haver, het diertje draait zich weg van mij
ze rook een ander vachtje, of hoorde roezemoes aan,

voor erbarmen, dat knarst tussen je tanden,
dat je dwingt tot slikken, met je ogen dicht,
is ze zo levend, dat ze echt is,

dat ik ook alles en iedereen kan zijn,
een geelrode baboesjka,
met roze bloemen; zevendelig en compleet vanbinnen

of een zeemeermin zonder overdracht
enkellang haar

Behendigheid behendigheden

Als water dat opspringt uit de golven
wild beweeg ik mijn hoofd, mijn haar,
dat dun is als een spinrag
en ik speel dat ik een vonnis vel

wat zal ik doen, wat zal ik vragen,
het hoofd van mijn moeder eisen?
zelfs de pijn om mijn haarwortels
heeft ze zich toegeëigend

Delila, Herodias, of Izebel
met de slang tussen de tanden
de kam in haar handen,
'ik ben niet goed in haar'

spartelende kreet
zonder vast oppervlak
ik ben op slag
onhoudbaar geworden

Huis

Ruimte verplicht nabijheid
dus bouw je een huis, met een boom
en een vogel met een lach
en op de zoveelste dag nadat het af was
stond ze voor haar huis,
met haar handen op haar rug en geen enkele geldige reden,
anders dan dat het af was, een verfijnd gevoel

dat ze verborgen hield,
in een ongehavend foedraal, wat het niet wegnam,
maar in zichzelf besloten hield
het samenvallen van de tegenstellingen

de eenheid in herinneringen,
ze hebben elkaar en wij hebben elkaar
morgen zal het weer zo zijn,
of anders
gewassen naar de werkelijkheid

De buitencategorie

Ik kan dat ook,
zo steenkapot als zij,
over de Col du Galibier
met mijn hemd en mond wijdopen
de hand gekust
de blik gericht op God

ik hoor bij hen,
deze halfwas mannen
met het asfalt in de wonden
het bloed gedoopt
in duisternis en knechterij
nec plus ultra,
wij zullen allen tot hem gaan

Bivak

De berg is verdwaald
en schudt de doden van zich af
ik maakte een bivak,
d.w.z. ik zat in de sneeuw
en wachtte tot het ochtend werd,

ik zong en sprak om wakker te blijven
pa liet ma uit zijn handen vallen

hé ik ben je tante
of heeft je moeder dat niet verteld?

Terar dum prosim

Mijn waakzaamheid lag plat in een kom,
lepeldiep verschanst in wat mij toebehoort
maar wat is hier van mij als het alleen
van boven waarneembaar is?

een halfvergaan offer,
dat stuk gedacht is in de diepgang van een doorkijkland,
ik bedoel: wat als ik niets bezit behalve onwankelbare trouw
aan de tweetand van schuld en schaamte,
tussen mijn benen op mijn schoot voor in mijn mond,
distels en nog meer soorten spuug
en spitsarig lelijke dingen;

terar dum prosim
bevestig mij, zo ik nuttig ben,
verteer mij, zo ik week ben
want ik ben al meer dan honderd jaar met droefenis besmet

Rodeo

Wat zijn grootste dromen waard
als een kattenpootje steeds hetzelfde stukje staart aan flarden scheurt,
als je azijn drinkt,

als tijd en afstand er alles aan doen om een executie
in een standrechtelijke liefde te veranderen, als ik mea culpa, de dood
van een vreemde, voor mijn eigen troebele doeleinden heb gebruikt
terwijl de regen langs mijn armen gutst en ik jong en onstuimig op de
rug van de huiver

de aarde, laag na laag, naar de hemel
heb teruggebracht

.

De benevelden

'Spreek tot me in het Russisch
of zwijg over mijn gedachten in dit reuzenrad'

want ik heb nog een ziel om te bewaren,
en ik weet niet zeker of je waakt
of dat je slaapt, Boris,
maar hier ligt nog een dronkenlap
die de hemel leeg gezopen heeft,

hoog boven de bomen uit
kun je geen hoogte krijgen van de diepte in dit gat,
'geen paniek, geef me een emmer met een touw,

of een ladder,'
mensen die om de verkeerde reden
sterven, vinden geen rust, Vladimir,
ook een oom in Kiev niet,
met een vlierstruik en een overschot aan gelijk

Cirkelvormige scène

Ik was overal op voorbereid, een treinstel met kogelgaten,
een slagboom van ontzielde regenval, permafrost of toendra,
noem het november, onverdund november en het licht zoekt materie,
en het lichaam ontroering, dat we toch ergens een gering
besef hebben van wat waar is hoe smal en verdacht ook,
en ik onderdeel van die samenstelling was,
en schitterde in het glas van een Russische dichter, toen ik leerde
dat dit de manier was, op het dak van een locomotief met een verloofde

(en me liet uitspreken in het Russisch)

Plaszee

Hoe haal je herinneringen op?
door in de vloedlijn te gaan staan
en te denken dat als ik in een golf plas,
deze voller wordt en zotter en zouter de gedachten,

en hoe diep moet je graven voor zoet water,
met de wind mee? vroeg ik,

zij die mij niet kenden, deden terug;
het is verboden hier voor honden,

het geeft niet, deed ik met mijn handen
het maakt niet uit, als je goed bent val je niet
en de zee werd opgewonden, vanbinnen
voelde iets wat zij van eerder nog wist

Hendrik de Vries

Ik dacht dat hij schreef
om te kunnen slapen,
maar eerst moeten de
gordijnen dicht,
ik maak me geen zorgen

bij het bed buigt hij een
beetje om
zijn handen lijken
uit zijn rug te groeien
en hij schrijft verder

over zijn speelgoed;
de trommels in de bossen
en ook al is het donker
het komt goed,
ik maak me geen zorgen

ze gaan niet weg zonder mij

Hugo Claus' theater

De wereld versteld doen staan en daarna de rug
toekeren, de een na de ander ging; en we dichtten hun allen
een persoonlijkheid toe, want we moesten verder,

de muzelmannen moesten verder, in een theater vol roerende
dankbaarheid en listige liefdesgedichten, hun harde keutels gedroogd
in een schrift, het sap aangepast aan het gedrag,

uitgeknepen en zo leer je te zeggen bijvoorbeeld dat je geen
symbolische schilder bent met een hermelijnen mantel en je zegt;
'ik ben een muzelman met haveloze slippers

en op mijn hoofd een gebreide muts of een fluwelen champignon
en het ruist, meisjes in zwart ondergoed met terzinen voetjes'

maar ik weet het niet zeker, ik was er niet bij

La cité ardente

Luister,
hij heeft je eerder gezien
hij gelooft je,
zijn oren zijn er
groot genoeg voor
en het raam staat open

de gordijnen sluiten
niet voldoende
de dwerg kan zien
wat zijn handen doen
met de doorloop van het licht;
een brandje lekken
op je argeloze onderarm

dus spring, prinses, spring
voordat de moed je ontvalt
en je enkels breken;
toen het botste en het draaide
op een enkel mooi woord

Mijn kleine oorlog

Bij twijfel
bon courage, mon enfant
en herhaal dit refrein

tenzij je aan een ander Franske
bent geraakt, die de brieven
voor je ronddraagt,

en je een goede reden hebt
gevonden voor je verhaal
epistels, annonces,
woorden die je wegslikt
en opbergt in een schrift,

met muren uit een ander tijdsbestek
waarop geen kop kapot kan gaan
want schrijven moet je toch
je eigen dunne dwarsdoorsnee

Politeia/Utopia

Het is een mannelijke dag
ik spoel mijn mond met as
ik verpulver de wachters,
waarmee ik me het liefst verkwist

op de begane grond, steekt de muziek op
de argumenten versnellen
een hyperbool wordt de ruimte
in geslingerd en ik bezon mij niet,

buiten mijn geweten om
aanvaardde ik geluk,
met een hartstocht
die op liefde leek,

ik huilde in mijn moederstaal
ik was jonger dan vandaag

Sarajevo 1995

Ik pak de man uit
die zich door zijn been geschoten
heeft, mijn verloofde
wat heb je in godsnaam gedaan?
met wie moet ik dansen
op de Merkale?
of de gaten lezen in de bibliotheek,
hier stond die en daar stond die;
– midden in de dood
zijn wij door het leven bevangen –
ik beloof je
niets te zeggen, alles te lezen
lief spookhuis,
stervelingen zijn wij zonder been

IJs

Ik liep over het water
dat hard en koud was,
de weg terug lag dicht,
altijd als ik last heb van teveel gevoel,
maak ik fouten en
brengt iedere zijstap me in gevaar,
het gestrekte been van een worstelende vis,
de blik van een vaalwitte foetus

hij kan er niet bij, om me uit te zwaaien,
ik liet hem achter in de plooi van mijn ziel
tot de dooi inviel en het daadwerkelijk zacht werd
aan mijn kant van de hemel
en hij aanspoelde

Khamsin

Het vuur geeft zichzelf
een naam om warm te blijven
omdat ik het niet heb
en jij mij ontbreekt

hang ik
– de lafheid aan de bliksem
onttrokken –
aan mijn beide armen
in de lucht

wie zegt dat ik besta
oh kom, vernietig mij
de wind heeft het zand
een andere plek gegeven

Hindernisbaan

De zomer overleeft, maar
met het mes tussen de tanden,
onze gezichten onbeschermd,
onze zoete blos had de kleur
van schaamte aangenomen,
hindernisbaan,
perziken van zelfverwijt,
behaard en onbarmhartig klein,
dronken wij, met brand aan de schenen

waggelend van wolfskers
vormonvaste dans zonder herinnering

Verantwoording:

'Bokito baywatch' verscheen eerder in *Tirade*
'Bivak', 'Plaszee' en 'Rodeo'
verschenen eerder in *Hollands Maandblad*
'Cirkelvormige Scène' en 'Foto van een anti-ik'
verschenen eerder in *De Brakke Hond*

'Miss Otis lunch':
naar Cole Porter's Miss Otis Regrets

'De Benevelden':
Boris Ryzji (Russische dichter 1974-2001)
Vladimir Majakovski (Russische dichters 1893-1930)

Hendrik de Vries (Nederlandse surrealistische dichter 1896-1989)

'Sarajevo 1995':
cursief: variatie op citaat van Maarten Luther

Inhoud

COLOFON

Selles, Hedwig
Schadenfreude
Leuven, *P*, 2011 - 40 p.; 20 cm
©2011, Hedwig Selles & Uitgeverij *P*
Gezet in Elegant Garamond
Gedrukt op Munken Print White, 115g
door Drukkerij Peeters, Herent
[www.uitgeverij-p.be]
D/2011/5658/4
ISBN 978-90-79433-62-9
Doelgroep: volwassenen
NUR 306
Trefwoord: gedichten; oorspronkelijk